ars vivendi

… nie mehr habe ich so gelesen wie in diesem langen, heißen Sommer. Nie mehr war ich so besoffen von Buchstaben, nie mehr haben Ohren und Stirn so geglüht, nie mehr hat mein Herz so wild geschlagen, nie mehr habe ich solche Bilder mit in den Schlaf genommen. Bücher waren für mich Hinterlassenschaften, in die ich hineinkriechen konnte.

Gerhard Köpf

Ich glaube, daß ich ohne Bücher
nicht existieren könnte.
Für mich sind sie die Welt.

Gustav Janouch

Isolde Ohlbaum

Lesen

ars vivendi

Solange das Lesen für uns der Initiator ist, dessen Zauber-
schlüssel uns in der Tiefe unseres Selbst das Tor zu Räumen
öffnet, in die wir sonst nicht einzudringen vermocht hätten,
ist seine Rolle in unserm Leben heilsam. Gefährlich dage-
gen wird das Lesen, wenn es, statt uns für das persönliche
Leben des Geistes wach zu machen, versucht, sich an dessen
Stelle zu setzen; wenn die Wahrheit uns nicht mehr als ein
Ideal erscheint, das wir nur durch das innere Fortschreiten
unseres Denkens und durch die Bemühung unserer Seele
verwirklichen können, sondern als etwas Materielles, das auf
den Seiten der Bücher abgelagert ist wie ein von andern
fertig zubereiteter Honig, den wir nur aus den Regalen der
Bibliothek zu nehmen und dann passiv in vollkommener
Ruhe des Körpers und des Geistes zu verzehren brauchen.

Marcel Proust

An manchen Büchern muß man naschen, andre wollen ver-
schlungen sein, wieder andere gründlich gekaut und verdaut.

Francis Bacon

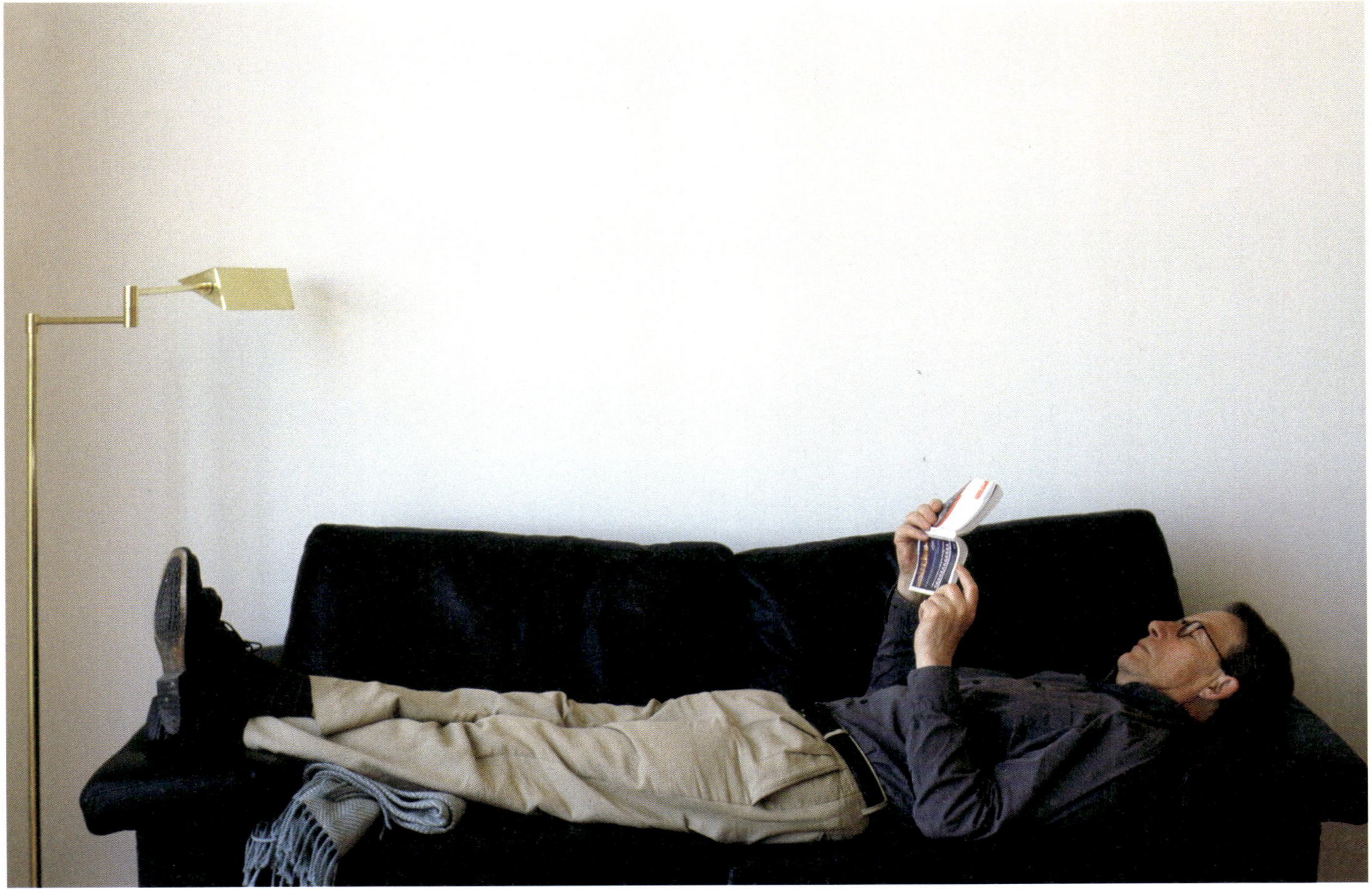

Wenn ich ein Buch lese [und] dabei mein ganzer Körper so kalt wird, daß kein Feuer mich wärmen kann, weiß ich, das ist Dichtung. Wenn ich körperlich das Gefühl habe, als würde mir der Schädel entfernt, weiß ich, das ist Dichtung. Nur auf diese Weise kann ich es wissen. Gibt es eine andere?

Emily Dickinson

Wer nicht liest, kennt die Welt nicht.

Arno Schmidt

Und je mehr und je lauter ich las, desto mehr wuchs das Buch mir ans Herz und desto mehr fürchtete ich mich davor, die Länder, von denen es spricht, mit eigenen Augen zu sehen. Ich meine damit nicht Angst, sondern die Furcht im eigentlichen Sinn dieses Wortes, die Sorge nämlich um die Frische und Schönheit von Geschichten und Bildern, die sich nur noch lesend vorstellen lassen und an denen sich die Wirklichkeit längst nicht mehr messen kann.

Felicitas Hoppe

… die Bücherei war die Welt im Spiegel; sie hatte deren unendliche Dichte, Vielfalt, Unvorhersehbarkeit. Ich stürzte mich in unglaubliche Abenteuer: ich mußte auf Stühle klettern, auf Tische und riskierte dabei, Lawinen auszulösen, die mich begraben hätten.

Jean-Paul Sartre

Was hast du vor dir, wenn du ein Buch aufschlägst?
Kleine, schwarze Zeichen auf hellem Grunde. Du siehst sie
an, und sie verwandeln sich in klingende Worte, die er-
zählen, schildern, belehren. In die Tiefen der Wissenschaft
führen sie dich ein, enthüllen dir die Geheimnisse der
Menschenseele, erwecken dein Mitgefühl, deine Entrüstung,
deinen Haß, deine Begeisterung. Sie vermögen dich in
Märchenländer zu zaubern, Landschaften von wunderbarer
Schönheit vor dir entstehen zu lassen, dich in die sengende
Wüstenluft zu versetzen, in den starren Frost der Eisre-
gionen. Das Werden und Vergehen der Welten vermögen sie
dich kennen, die Unermeßlichkeit des Alls dich ahnen zu
lassen. Sie können dir Glauben und Mut und Hoffnung rau-
ben, verstehen deine gemeinsten Leidenschaften zu wecken,
deine niedrigsten Triebe als die vor allen berechtigten zu
feiern. Sie können auch die gegenteiligen, die höchsten
und edelsten Gedanken und Gefühle in dir zur Entfaltung
bringen, dich zu großen Taten begeistern, die feinsten, dir
selbst kaum bewußten Regungen deiner Seele in kraftvolles
Schwingen versetzen.

Marie von Ebner-Eschenbach

Wir alle lesen in uns und der uns umgebenden Welt,
um zu begreifen, wer wir sind und wo wir sind. Wir lesen,
um zu verstehen oder auf das Verstehen hinzuarbeiten. Wir
können gar nicht anders: Das Lesen ist wie das Atmen eine
essentielle Lebensfunktion.

Alberto Manguel

Auch der Leser sollte, wie der Dichter, in Bewegung bleiben, sich forttragen lassen wie von einem Kahn in der Strömung eines Flusses. Bilder, Zeichen, Gleichnisse, Erinnerungen, Träume, geträumte Erinnerungen – alles fließend, und doch jedes dringlich anpochend ...

Friedhelm Kemp

Literatur hebt den Augenblick auf,
dazu gibt es sie.

Max Frisch

Ein Buch ist nur ein Ding unter den anderen, ein Körper, verloren unter den Körpern, die das gleichgültige Universum bevölkern, bis es auf seinen Leser trifft, den Menschen, der für die Symbole dieses einen Buchs vorherbestimmt ist. Dann ereignet sich diese einzigartige Gemütsbewegung namens Schönheit, dieses wunderbare Mysterium, das weder Psychologie noch Rhetorik entschlüsseln.

Jorge Luis Borges

Das Buch kann die Welt nicht ersetzen. Das ist unmöglich. Im Leben hat alles seinen Sinn und seine Aufgabe, die von etwas anderem nicht restlos erfüllt werden kann. Man kann – zum Beispiel – sein Erleben nicht mittels eines Ersatzmannes bewältigen. So ist es auch mit der Welt und dem Buch. Man versucht das Leben in Bücher wie Singvögel in Käfige einzusperren. Doch das gelingt nicht.

Franz Kafka

Wer niemals ganze Nachmittage lang mit glühenden Ohren und verstrubbeltem Haar über einem Buch saß und las und las und die Welt um sich her vergaß, nicht mehr merkte, daß er hungrig wurde oder fror –

Wer niemals heimlich beim Schein einer Taschenlampe unter der Bettdecke gelesen hat, weil Vater oder Mutter oder sonst irgendeine besorgte Person einem das Licht ausknipste mit der gutgemeinten Begründung, man müsse jetzt schlafen, da man doch morgen so früh aus den Federn sollte –

Wer niemals offen oder im geheimen bitterliche Tränen vergossen hat, weil eine wunderbare Geschichte zu Ende ging und man Abschied nehmen mußte von den Gestalten, mit denen man gemeinsam so viele Abenteuer erlebt hatte, die man liebte und bewunderte, um die man gebangt und für die man gehofft hatte, und ohne deren Gesellschaft einem das Leben leer und sinnlos schien –

Wer nichts von alledem aus eigener Erfahrung kennt, nun, der wird wahrscheinlich nicht begreifen können, was Bastian jetzt tat.

Er starrte auf den Titel des Buches, und ihm wurde abwechselnd heiß und kalt. Das, genau das war es, wovon er schon oft geträumt und was er sich, seit er von seiner Leidenschaft befallen war, gewünscht hatte: Eine Geschichte, die niemals zu Ende ging! Das Buch aller Bücher!

Michael Ende

Lesen war das Eintauchen in parallele Welten, Lesen war Nicht-Alltag, war Sucht und Flucht vor Mühe und Langeweile.

Silvia Bovenschen

Lesen hieß für mich den Fisch an Land ziehen. Es erklärte mir die Welt und meinen Platz in ihr, es ließ mich Schwarz auf Weiß teilhaben an etwas, von dem ich wußte, daß es auf geheimnisvolle Weise unmittelbar selbst mit mir zu tun hatte. In den Büchern brachte ich jenes Leben unter, das ich selbst gerne gelebt hätte. Ich liebte Geschichten, die den Verlierern vom Ende der Sieger erzählten. Fremde Erinnerungen fand ich aufregender als die eigenen.

Gerhard Köpf

Es gibt ein Buch, das heißt
Die Enzyklopädie der Engel.
Fünfzig Jahre lang hat es niemand geöffnet.
Das weiß ich genau, denn als ich es aufschlug,
knackte es in den Deckeln, und die Seiten
fielen auseinander. Dort entdeckte ich,

daß die Engel einst zahlreich waren
wie die Unterarten der Fliegen.
In der Dämmerung wimmelte
der Himmel von ihnen.
Man mußte mit den Armen rudern,
um sie abzuhalten.

Jetzt scheint die Sonne
durch die hohen Fenster.
Die Bibliothek ist ganz still.
Engel und Götter lauern
in dunklen, nie geöffneten Büchern.
Das große Geheimnis steht
auf irgendeinem Regal, und Miss Jones
geht dreimal am Tag daran vorbei.

Sie ist so groß, daß sie den Kopf
immer seitwärts beugt, als lausche sie.
Die Bücher flüstern.
Ich höre nichts, sie aber versteht alles.

Charles Simic

Er war kein hastiger, gieriger Leser. Er hatte ein Alter erreicht, in dem es mehr Vergnügen bereitet, ein Buch zum zweiten-, dritten- oder viertenmal zu lesen als zum erstenmal. Und doch hatte er noch viele Kontinente zu entdecken. Jeden Sommer kostete ihn das Packen des schweren Bücherkoffers vor der Abreise an die See die größte Mühe …

Italo Calvino

A
GVILLAVME
APOLLINAIRE
1880·1916

Bücher sind nicht mehr dazu da,
die Welt zu verändern, sondern dazu,
an sie zu erinnern.

Gert Heidenreich

Lesen ist ein Reisen durch phantasievolle Wirklichkeiten. Im Gepäck führt man seine Erwartungen mit und ein immer unzulängliches Vorwissen. Als Kompaß dient die Neugierde. Man reist von einer Sprachszene zur anderen, von einem poetischen Bild zum nächsten, quer durch die Werklandschaft eines Schriftstellers, einer Epoche. Am Ende einer Geschichte angelangt, weiß man, daß es gilt, weiterzureisen.

Rüdiger Görner

… in der Kindheit und einem Großteil meiner Jugend nahm ich alles, was das Buch mir sagte, und mochte es noch so phantastisch sein, beim Lesen für bare Münze; es war für mich genauso greifbare Realität wie das Buch selbst, das ich in den Händen hielt.

Alberto Manguel

Das Lesen ist das schicke Kleid des Lebens für mich, es bleibt bei mir und schmiegt sich an mich. Andere Menschen können wie Dornen in einen eindringen, sie können einen vernichten, aber man kann sich am Leben halten, indem man sich den Unwahrspruch von Buchstaben vor die Augen hält.

Elfriede Jelinek

Lesen, das ist die Beschäftigung
mit der Menschenseele.

Thomas Mann

Manchmal, o glücklicher Augenblick, bist du in ein Buch so vertieft, daß du in ihm versinkst – du bist gar nicht mehr da. Herz und Lunge arbeiten, dein Körper verrichtet gleichmäßig seine innere Fabrikarbeit, – du fühlst ihn nicht. Du fühlst dich nicht. Nichts weißt du von der Welt um dich herum, du hörst nichts, du siehst nichts, du liest. Du bist im Banne eines Buches.

Kurt Tucholsky

Ich kann mich so sehr in einer Lesewelt verlieren, daß mir die wirkliche ganz fremd wird – was ja gefährlich sein kann, wenn man zum Beispiel aus einem Roman kommt, in dem es keine Autos gibt, und man über die Straße muß.

Dieter Forte

Wenn ein teurer Mensch uns ein Buch zu lesen gibt, suchen wir zuerst ihn in den Zeilen, suchen seinen Geschmack, die Gründe, die ihn dazu bewegt haben, uns dieses Buch in die Hand zu drücken, die Zeichen der Zusammengehörigkeit. Dann reißt uns der Text mit, und wir vergessen den, der uns hinein versetzt hat. Gerade darin besteht ja die ganze Kraft eines Werkes, auch diese Zufälligkeit hinwegzufegen.
Doch mit den Jahren kommt es vor, daß die Erwähnung des Textes die Erinnerung an den anderen wachruft; dann werden manche Texte wieder Gesichter.

Daniel Pennac

Es ist wie ein zugeflogener Vogel, wie eine Begegnung im Zug und manchmal ein echter Glücksfall: das Buch, das ich geschenkt bekomme. Es ist das Buch, zu dem ich selbst nicht gefunden hätte, weil ich nicht auf die Idee gekommen wäre, es zu suchen, und es ist zugleich das Buch, das mich finden mußte. Das geschenkte Buch ist verläßlich, denn über kurz oder lang stellt sich immer das eine Buch ein, nach dem man suchte, ohne es zu wissen.

Michael Jeismann

Unter den Arkaden des Odéons waren Reihen von gebundenen, mit Goldschnitt versehenen Büchern ausgelegt, die bereits aufgeschnitten waren; ich las im Stehen ein oder zwei Stunden lang, ohne daß je ein Verkäufer mich störte … Ich sagte mir, daß, so lange es Bücher gebe, das Glück mir sicher sei.

Simone de Beauvoir

Was wäre das Leben ohne Bücher? Man kann mit ihnen Zeit und Fliegen totschlagen, Männer vergessen und Männer erfinden, die oben genannte Welt verstehen oder noch verwirrender finden …

Dagmar Leupold

Jeder gesunde Mensch kann leicht zwei Tage
ohne Nahrung leben – ohne Poesie niemals!

Charles Baudelaire

Nur ein Bruchteil der Menschen braucht Bücher, um erträglich zu leben. Wer Bücher als wichtigste Wegzehrung seiner Lebensreise ansieht, wird nur schwer begreifen, wie es ohne sie gehen könnte. Man sagt, Lawrence von Arabien habe auf dem Rücken des Kamels, das ihn durch die arabische Wüste trug, Aristophanes in der Originalsprache gelesen. Was wird er für weitere Bücher in der Satteltasche mitgeführt haben? Er hat sein Lasttier gewiß nicht überladen und vielleicht doch alles dabeigehabt, was er für seine künftigen Tage brauchte.

Iso Camartin

Es gibt vielleicht keine Tage unserer Kindheit, die wir so voll erlebt haben wie jene, die wir glaubten verstreichen zu lassen, ohne sie zu erleben, jene nämlich, die wir mit einem Lieblingsbuch verbracht haben. Alles, was sie, wie es schien, für die andern erfüllte und was wir wie eine vulgäre Unterbrechung eines göttlichen Vergnügens beiseite schoben: das Spiel, zu dem uns ein Freund bei der interessantesten Stelle abholen wollte; die störende Biene oder der lästige Sonnenstrahl, die uns zwangen, den Blick von der Seite zu heben oder den Platz zu wechseln; die für die Nachmittagsmahlzeit mitgegebenen Vorräte, die wir unberührt neben uns auf der Bank liegen ließen, während über unserm Haupt die Sonne am blauen Himmel unaufhaltsam schwächer wurde; das Abendessen, zu dem wir zurück ins Haus mußten und während dessen wir nur daran dachten, sogleich danach in unser Zimmer hinaufzugehen, um das unterbrochene Kapitel zu beenden, all das, worin unser Lesen uns nur Belästigung hätte sehen lassen müssen, grub im Gegenteil eine so sanfte Erinnerung in uns ein (die nach unserm heutigen Urteil um so vieles kostbarer ist als das, was wir damals mit Hingabe lasen), daß, wenn wir heute manchmal in diesen Büchern von einst blättern, sie nur noch wie die einzigen aufbewahrten Kalender der entflohenen Tage sind, und es mit der Hoffnung geschieht, auf ihren Seiten die nicht mehr existierenden Wohnstätten und Teiche sich widerspiegeln zu sehen.

Marcel Proust

Ich las Bücher nicht nur, ich lebte in ihnen.

Horst Bienek

Eines Tages las ich ein Buch, und mein ganzes Leben
veränderte sich. Auf den ersten Seiten schon bekam ich
die Kraft dieses Buches innerlich so stark zu spüren, daß
ich glaubte, mein Körper habe sich von Tisch und Stuhl,
wo ich saß, gelöst und abgehoben. Aber trotz dieses
Gefühls schien ich fester als eh und je mit meinem ganzen
Sein und allen Fasern meines Körpers auf dem Stuhl am
Tisch zu sitzen, und das Buch bewies seine ganze Wirkung
nicht nur in meinem Geist, sondern in allem, was mich zu
mir selbst machte. So kraftvoll war die Wirkung, daß ich
meinte, mir sprühe beim Lesen aus den Seiten dieses
Buches Licht entgegen, ein Licht, das meinen Verstand
vollkommen stumpf und im gleichen Moment überaus
glänzend werden ließ. Und mir kam der Gedanke, ich
würde neu und anders werden in diesem Licht, und ich
ahnte, es würde mich auf einen anderen Weg führen, dieses
Licht, und ich nahm in diesem Licht die Schemen eines
Daseins wahr, das ich später kennenlernen, mit dem ich
vertraut sein würde.

Orhan Pamuk

Der erste Satz, der auf den Leser trifft, diese Situation ist vergleichbar jenen ersten Momenten einer Begegnung zwischen zwei Fremden, in denen sich alles weitere entscheidet. Umgangssprachlich nennen wir es *Chemie*, was da stimmt oder auch nicht.

Wir nennen es auch *Wellenlänge*.

Schlagen wir ein Buch auf und lesen die ersten Sätze, so trifft uns eine bestimmte Wellenlänge, ein Ton ist angeschlagen. Der Ton, in dem dieses Buch zu uns sprechen wird. Ob wir als Leser unser inneres Orchester auf diesen Ton einstimmen können, das entscheidet sich nach wenigen Sätzen.

Tatsache ist: das Werk, das in den nächsten Stunden in unserem Innern erklingt, ist eine Symphonie neuer, fremder und unserer eigenen Töne.

Dieses Buch, das wir in Händen halten, ist dreitausendmal oder dreißigtausendmal gedruckt – dieses eine aber, das wir gerade lesen, existiert nicht noch ein zweites Mal. Einfach deshalb, weil wir selbst nicht noch ein zweites Mal existieren. Erst indem wir es lesen, indem unsere innere Formenwelt mit der dieses Buches verschmilzt, erst da wird dieses Buch einmalig und ein Teil von uns selbst (und etwaige Ansprüche des Autors auf eine bestimmte Bedeutung sind dahin).

Angela Krauß

Ich genieße an einer Erzählung also nicht direkt ihren Inhalt, nicht einmal ihre Struktur, sondern vielmehr die Kratzer, die ich auf dem schönen Umschlag hinterlasse: ich überfliege, ich überspringe, ich sehe von der Lektüre auf, ich versenke mich wieder in sie. Das hat nichts zu tun mit dem tiefen Riß, den der Text der Wollust in der Sprache selbst hervorruft und nicht in der bloßen Zeitlichkeit der Lektüre.

Roland Barthes

Andere mögen sich der Bücher rühmen,
die sie geschrieben haben, mein Ruhm sind
die Bücher, die ich gelesen habe.

Jorge Luis Borges

Immer wieder, wenn das Auge über die Schrift gleitet, ist ein Abenteuer möglich. In der Masse gleichgültiger Buchstaben formt sich ein Wort, ein Satz, der einem Gedanken die Stimme gibt, die uns erreicht. Auch von weit her und aus zeitlicher Ferne. Da spricht einer so, daß man mehr davon hören möchte. Ich lese Sätze, worin »ich« steht, aber ein anderer hat sie geschrieben, und versuchsweise trete ich an seine Stelle, und seine Erfahrung wird meine.

Horst Günther

Ich sitze und lese einen Dichter. Es sind viele Leute im Saal, aber man spürt sie nicht. Sie sind in den Büchern. Manchmal bewegen sie sich in den Blättern, wie Menschen, die schlafen und sich umwenden zwischen zwei Träumen. Ach, wie gut ist es doch, unter lesenden Menschen zu sein.

Rainer Maria Rilke

Lies, um zu leben.

Gustave Flaubert

Ich sitze in Kisten, nehme Bücher zur Hand, drehe und wende, erröte und lache, lese alles von vorn. Bücher aus zweitausend Jahren. Erworben, gelesen, empfohlen, verworfen, das meiste trotzdem behalten, gelegentlich auch an ein Herz gelegt, das längst anders schlägt. Aber jetzt: lauter Bücher, die in Kisten verschwinden, die ich nie wieder öffnen werde. Die Erinnerung an Bücher ist flüchtig und unzuverlässig, das Wiedersehen mit ihnen nicht anders als die Begegnung mit neuen Büchern: irritierend, schön und enttäuschend zugleich. Ich bin vorsichtig geworden, zögerlich in der Empfehlung, langsam und unschlüssig. Nur mein Vertrauen ist ungebrochen. Dass mir das Beste nicht entgeht. Denn immer ist Überraschung im Spiel, unerwartete Schätze, die zu leuchten beginnen, sobald man die erste Seite aufschlägt.

Felicitas Hoppe

Ein Brausen von Worten fängt an in meinem Kopf und dann ein Leuchten, einige Silben flimmern schon auf, und aus allen Satzschachteln fliegen bunte Kommas, und die Punkte, die einmal schwarz waren, schweben aufgeblasen zu Luftballons an meine Hirndecke, denn in dem Buch, das herrlich ist und das ich also zu finden anfange, wird alles sein wie *Esulate Jubilate*. Wenn es dieses Buch geben sollte, und eines Tages wird es das geben müssen, wird man sich vor Freude auf den Boden werfen, bloß weil man eine Seite daraus gelesen hat, man wird einen Luftsprung tun, es wird einem geholfen sein, man liest weiter und beißt sich in die Hand, um vor Freude nicht aufschreien zu müssen, es ist kaum auszuhalten, und wenn man auf dem Fensterbrett sitzt und weiterliest, wirft man den Leuten auf der Straße Konfetti hinunter, damit sie erstaunt stehenbleiben, als wären sie in einen Karneval geraten, und man wirft Äpfel und Nüsse, Datteln und Feigen hinunter, als wäre Nikolaustag, man beugt sich, ganz schwindelfrei, aus dem Fenster und schreit: Hört nur, hört! schaut nur, schaut! ich habe etwas Wunderbares gelesen, darf ich es euch vorlesen, kommt näher alle, es ist zu wunderbar!

Ingeborg Bachmann

Es wird Bücher geben, solange es Geschichten gibt, die überzeugt sind, daß sie geschrieben werden müssen, und solange es Leser gibt (auch Schriftsteller sind Leser!), die davon überzeugt sind, daß diese Geschichten weitergesponnen werden müssen.

Dubravka Ugrešić

Wir kehren nie zu demselben Buch oder auch nur zur selben Passage zurück, denn im wechselnden Licht verändern wir uns, und auch das Buch verändert sich, unsere einst leuchtenden Erinnerungen verblassen, dann erstrahlen sie von neuem, und wir wissen nie genau, was wir lernen, vergessen oder behalten. Sicher ist nur, daß wir im Lesen die Stimmen der Vergangenheit aufrufen und diese Stimmen manchmal für die Zukunft bewahren, wo sie vielleicht in neuer, ganz unerwarteter Weise zu uns sprechen.

Alberto Manguel

Jedes Buch wirft am Ende dem nächsten
Buch den Ball zu.

Alfred Döblin

Es gibt Bücher, bei denen du es nicht verhindern kannst, mit in die Affäre hineingezogen zu werden. Sie setzen dich an einem Ort ab, wo du niemals ohne sie hingelangt wärst. Und bald einmal begreifst du: Die glücklichen und schönen Einsätze deines Lebens verdankst du den Gestalten deiner Lieblingsbücher.

Iso Camartin

Ich versuche möglichst wenig in Bibliotheken zu lesen, weil mich das Schweigen oder das leise Flüstern wie in der Kirche, die ernsten, fast sakralen Rituale sehr viel mehr stören als der Lärm oder das Rumpeln von Autobussen, in denen ich auch stehend und eingezwängt in der Menschenmenge ungehindert lese. Nur am Meeresufer kann ich nicht lesen, denn die selige Hingabe und Entspannung der ausgestreckten Lage erfordern und erlauben es nicht.

Claudio Magris

Lesen war meine erste bewusste Intimität – ein Akt, der es der Stimme eines anderen gestattete, in mich einzudringen, mich zu bewegen und zu berühren, in mir zu singen. Es war ein Gespräch mit den Toten, mit dem Unmöglichen, mit Träumen, die Fremde mir verschafften, zu meinem Entzücken, zu meiner Erkenntnis, zur Beseitigung meiner Einsamkeit. Lesen war das Wunder, mit den Augen eines anderen zu sehen.

A. L. Kennedy

Lesen ist wie die Liebe: der erste Blick entscheidet. Das erste Buch, nachts unter der Bettdecke, aus dem Bücherschrank der Eltern entwendet, im Bus auf der Bank gefunden, und schon treibt man mit Huckleberry Finn den Mississippi hinunter, hält zitternd das Beil von Raskolnikow in Händen, unterschreibt Briefe mit Madame Bovary – und ist im Nu wieder zurück zu Hause am Tisch. Verblüfft schaut man von den letzten Seiten hoch, und man weiß wieder, warum die Chinesen sagen, ein Buch sei wie ein Garten für die Tasche.

Hans Jürgen Balmes

Such dir die bequemste Stellung: sitzend, langgestreckt, zusammengekauert oder liegend. Auf dem Rücken, auf der Seite, auf dem Bauch. Im Sessel, auf dem Sofa, auf dem Schaukelstuhl, auf dem Liegestuhl, auf dem Puff. In der Hängematte, wenn du eine hast. Natürlich auch auf dem Bett oder im Bett. Du kannst auch Kopfstand machen, in Yogahaltung. Dann selbstverständlich mit umgedrehtem Buch. Sicher, die ideale Lesehaltung findet man nie. Früher las man im Stehen, vor einem Lesepult. Man war ans Stehen gewöhnt. Man entspannte sich dadurch vom Reiten. Beim Reiten zu lesen, ist noch niemandem eingefallen; und doch reizt dich jetzt der Gedanke an ein Lesen im Sattel, das Buch in die Mähne des Pferdes gelehnt, womöglich mit einem besonderen Zaumzeug an den Ohren befestigt. Mit den Füßen in Steigbügeln müßte man sehr gut lesen können, hochgestützte Füße sind die erste Bedingung für den Genuß einer Lektüre.

Italo Calvino

Ich kann mich wohl kaum an eine tiefere, allumfassendere Freude erinnern als den Augenblick, wenn ich kurz vor dem Ende des Buches angelangt war: Ich legte das Buch weg, um mir den Schluß für den nächsten Tag aufzuheben, ich schloß die Augen mit dem Gefühl, die Zeit angehalten zu haben.

Alberto Manguel

Der Lesende

Ich las schon lang. Seit dieser Nachmittag,
mit Regen rauschend, an den Fenstern lag.
Vom Winde draußen hörte ich nichts mehr:
mein Buch war schwer.
Ich sah ihm in die Blätter wie in Mienen,
die dunkel werden von Nachdenklichkeit,
und um mein Lesen staute sich die Zeit. –
Auf einmal sind die Seiten überschienen,
und statt der bangen Wortverworrenheit
steht: Abend, Abend … überall auf ihnen.
Ich schau noch nicht hinaus, und doch zerreißen
die langen Zeilen, und die Worte rollen
von ihren Fäden fort, wohin sie wollen …
Da weiß ich es: über den übervollen
glänzenden Gärten sind die Himmel weit;
die Sonne hat noch einmal kommen sollen. –

Und jetzt wird Sommernacht, soweit man sieht:
zu wenig Gruppen stellt sich das Verstreute,
dunkel, auf langen Wegen, gehen die Leute,
und seltsam weit, als ob es mehr bedeute,
hört man das Wenige, das noch geschieht.

Und wenn ich jetzt vom Buch die Augen hebe,
wird nichts befremdlich sein und alles groß.
Dort draußen ist, was ich hier drinnen lebe,
und hier und dort ist alles grenzenlos;
nur daß ich mich noch mehr damit verwebe,
wenn meine Blicke an die Dinge passen
und an die ernste Einfachheit der Massen, –
da wächst die Erde über sich hinaus.
Den ganzen Himmel scheint sie zu umfassen:
der erste Stern ist wie das letzte Haus.

Rainer Maria Rilke

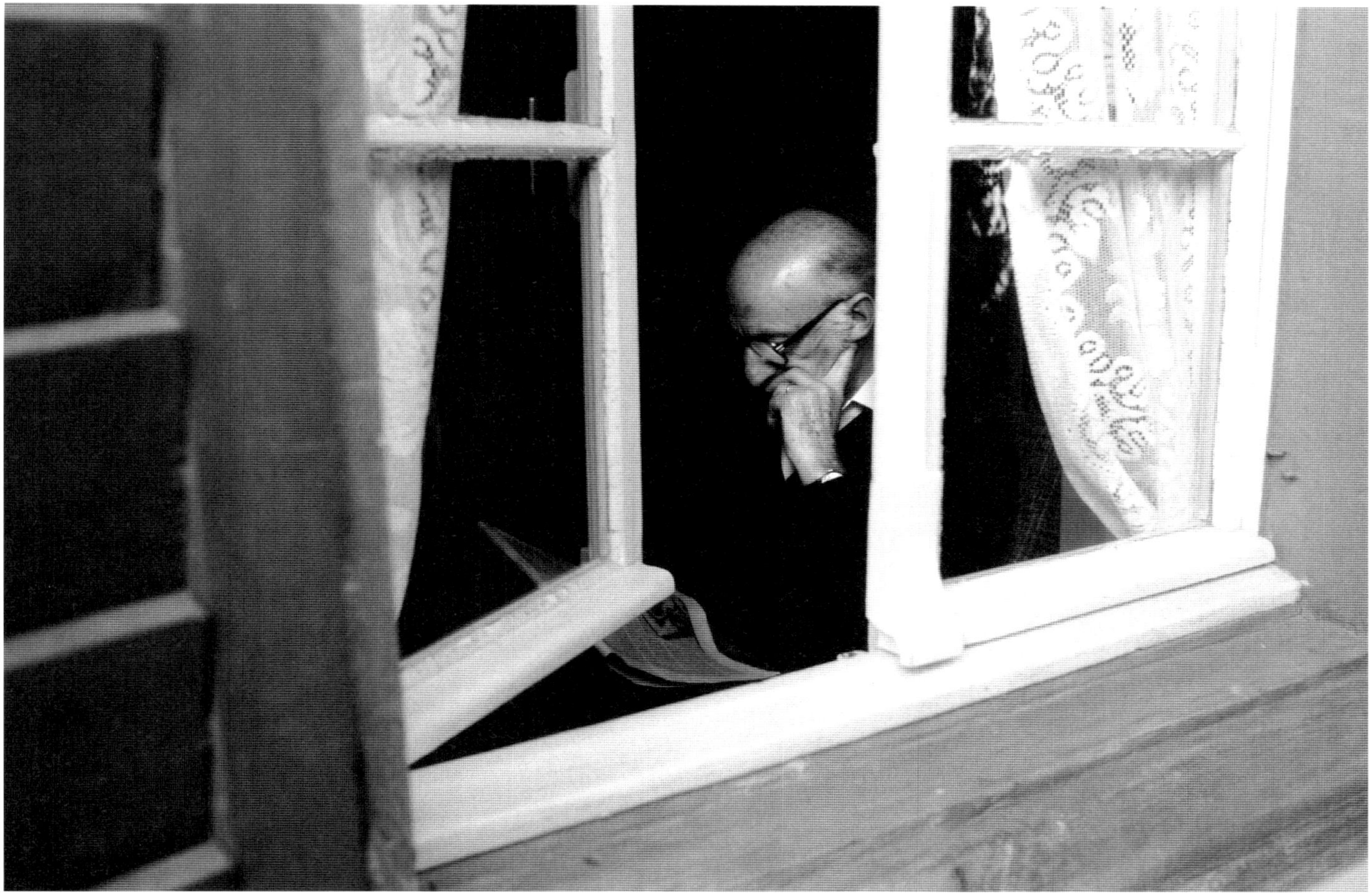

Ich habe das Haus noch nie ohne Buch verlassen. Ich sitze nie an einer Bushaltestelle, an einem S-Bahnhof, ohne in einem Buch zu lesen, und wer mich anspricht, mich fragt, nach dem Gleis, der Uhrzeit, dem Bus, der nicht kommen will, muss mich zurückholen, von Traumpfaden durch Schweizer Berge und die römische Vorstadt. Ich habe nur Handtaschen, in die mindestens ein Taschenbuch passt, ich wähle sie danach aus.

Zsuzsa Bánk

Lesen, indes
der weiße Flügelschlag
der Zeit uns streift,
ist das nicht Seligkeit?

Ezra Pound

Bücher gab es, die Spielplätze waren, umzäunt, über-
schaubar. Und Bücher, die kleinen Dschungeln ähnelten,
voll wilder bunter Schlingpflanzen und Baumkronen, in
denen man herumtollen konnte. Ich klappte sie zu, wie
man Spielzeug weglegt.

Helmut Krausser

Napoleon hatte auf seinen Feldzügen eine kleine Reisebibliothek in der Kutsche, der Wechsel vom gelehrten Barock zur kritischen Aufklärung hatte bereits die gewichtigen Foliobände durch elegante und leichte Kleinoktavbände ersetzt. Sowie er ein Buch ausgelesen hatte, warf er es aus dem Kutschenfenster, ein geschickter Adjutant zu Pferde fing es auf, und so machte es die Runde durch die höheren und niederen Ränge des Heeres.

Horst Günther

Bücher haben ihre falschen
und richtigen Momente.

Elke Heidenreich

Wenn Fernsehen, Kino oder andere Medien imstande
gewesen wären, mich genauso in andere Welten zu versetzen
und mir genauso viel Weltwissen zu vermitteln wie Bücher,
dann hätte ich wohl weniger gelesen. Eines Tages werden
diese Medien vielleicht dazu in der Lage sein. Aber leicht
wird es ihnen nicht fallen. Wörter und Literatur sind nämlich
wie Ameisen oder Wasser: Sie dringen überallhin, auch noch
in die kleinsten Ritzen und Schlupflöcher. Und was wir über
das Leben und die Welt am dringendsten wissen wollen, zeigt
sich gerade in diesen Schlupflöchern – deshalb ist es am
ehesten die Literatur, die das sieht und davon künden kann.
Gute Literatur ist wie ein bis dahin über die Welt noch nie
gesprochenes strahlendes Wort.

Orhan Pamuk

Manchmal ist das ganz nützlich. Oft sprechen die
Bücher von anderen Büchern. Oft ist ein harmloses Buch
wie ein Samenkorn, das in einem gefährlichen Buch
aufkeimt, oder es ist umgekehrt die süße Frucht einer
bitteren Wurzel.

Umberto Eco

Das Buch ist das Licht des Herzens, der Spiegel des Körpers. Es lehrt die Tugend und verjagt die Laster. Es ist die Krone der Weisen, der Begleiter auf Reisen, der vertraute Freund, die Zerstreuung des Kranken, der Kollege und Ratgeber des Mächtigen, der Tresor der Redekunst, der Garten voller Früchte, die Wiese voller Blumen, der Vorrat des Gedächtnisses, das Leben der Erinnerung. Ruft man es, kommt es herbei, befiehlt man ihm, stürzt es hinzu. Es ist immer präsent, niemals lässt es Bereitschaft mangeln. Gefragt, antwortet es sofort, enthüllt das Geheime, erleuchtet das Dunkle, schafft Gewissheit über das Zweifelhafte und löst das Verschlungene.

Lucas de Penna

Lesend können wir Zeit zurückgewinnen,
werden wir langsamer, kommen wir zu uns.
Das Buch widersteht leise und selbstverständlich
der allgemeinen Geschwindigkeit.

Peter Härtling

Immer noch erregt mich die Verheißung
im Geruch eines neuen Buches.

Carlos Ruiz Zafón

Wer aufschlägt und liest und einsteigt in ein Buch, stößt ab vom Ufer, das er sonst bewohnt, und wagt sich, wohin auch immer, hinaus, auf unbekannte Fahrt. Für Stunden. Ein paar Seiten weiter, bereichert, mit Gewinn vielleicht, oder unverändert zurück in den Sessel.

Christiaan L. Hart Nibbrig

Bisher hatte ich immer gedacht, die Bücher sprächen nur von den menschlichen oder göttlichen Dingen, die sich außerhalb der Bücher befinden. Nun ging mir plötzlich auf, daß die Bücher nicht selten von anderen Büchern sprechen, ja, daß es mitunter so ist, als sprächen sie miteinander. Und im Licht dieser neuen Erkenntnis erschien mir die Bibliothek noch unheimlicher. War sie womöglich der Ort eines langen und säkularen Gewispers, eines unhörbaren Dialogs zwischen Pergament und Pergament? Also etwas Lebendiges, ein Raum voller Kräfte, die durch keinen menschlichen Geist gezähmt werden können, ein Schatzhaus voller Geheimnisse, die aus zahllosen Hirnen entsprungen sind und weiterleben nach dem Tod ihrer Erzeuger? Oder diese fortdauern lassen in sich?

Umberto Eco

Nachwort

Das erste Schulheft. Für jeden Buchstaben eine Seite. Hundertmal A, hundertmal B, hundertmal Z, mit Blumen und Girlanden verziert, die Rundungen mit Buntstiften ausgemalt. An das Lesenlernen selbst kann ich mich hingegen nicht erinnern. Mir ist, als hätte ich schon immer lesen gekonnt.

In dem Roman *Die Blendung* von Elias Canetti wird ein Neunjähriger gefragt: »Was hast du lieber: eine Schokolade oder ein Buch?« »Ein Buch«, ist die überraschende Antwort. Es wäre auch meine Antwort gewesen. Aber was für eine Alternative! Gab es denn etwas Schöneres, als auf einer Wiese zu liegen oder eingekuschelt auf dem Sofa und zu lesen und sich ab und zu ein Stückchen Schokolade auf der Zunge zergehen zu lassen? Gestört wurde dieses Wohlbefinden durch die Stimme meiner Mutter, die mich in den Alltag zurückholte, um endlich den Tisch zu decken oder den Mülleimer zu leeren – immer dann, wenn es gerade am spannendsten war.

Und spannend waren vor allem die Bücher aus dem Regal meiner Eltern, die ich manchmal nachts heimlich unter der Bettdecke im Schein der Taschenlampe las. Einige hatten einen langen Weg hinter sich. Als meine Mutter und Großmutter während des Krieges fliehen mußten und nur das Lebensnotwendigste mitnehmen durften, gehörten dazu auch einige Bücher. Das hat mich als Kind fasziniert, und Bücher geheimnisvoll und kostbar gemacht. Ich wünschte sie mir zum Geburtstag, zum Namenstag, zu Weihnachten und erinnere mich der Ungeduld, bis ich endlich die erste Seite aufschlagen durfte. Lesen, das war Eintauchen in fremde Welten, fremde Geschichten.

Wenn Gerhard Köpf schreibt »… nie mehr habe ich so gelesen, wie in diesem langen, heißen Sommer«, dann galt das für mich für die Dauer vieler Jahre. Ich las, wo immer ich konnte, ein Buch nach dem anderen. Es war wie eine Sucht, wie ein Rausch. Eine Seite und noch eine Seite und nicht mehr aufhören können zu lesen, oftmals die ganze Nacht durch bis in den frühen Morgen. Ich lebte in den Romanen. Mit zwanzig oder später die Erkenntnis, daß die Geschichten im Kopf wenig zu tun haben mit meiner eigenen Wirklichkeit. Das eigene Leben war sehr viel langsamer in seinen Abläufen, weniger aufregend, weniger tragisch, weniger intensiv als all das, was zwischen zwei Buchdeckeln erzählt wurde.

Heute läßt das eigene Leben weniger Raum zum Lesen. Die durchlesenen Nächte sind seltener geworden, aber es gibt sie noch immer. Meine Bücherberge wachsen beängstigend. In den Regalen ist schon lange kein Platz mehr, und es ist kein Platz mehr für weitere Regale. Mich von Büchern zu trennen, fällt mir schwer, auch wenn ich weiß, daß ich niemals alle werde lesen können. Es gibt Momente, da sehne ich mich nach weißen leeren Wänden, an die man Bilder hängen könnte – doch das ist nur vorübergehend. Ohne Bücher leben – das könnte ich nicht.

Isolde Ohlbaum

Textnachweis

6   Gerhard Köpf: *Papas Koffer*. München: Luchterhand Verlag, 1993. Mit freundlicher Genehmigung des Autors.

8   Marcel Proust: *Tage des Lesens*. Aus dem Französischen von Helmut Scheffel. © 1989 und 1992 Suhrkamp Verlag Frankfurt am Main.

13   Emily Dickinson in einem Brief vom 26.9.1870. Zitiert in: Elisabeth Borchers: *Lichtwelten. Abgedunkelte Räume. Frankfurter Poetikvorlesungen.* Frankfurt am Main: Suhrkamp, 2003.

16   Felicitas Hoppe: »Il Milione – Die Wunder der Welt.« Aus: Felicitas Hoppe: *Verführung zum Lesen*. Hrsg. von Uwe Naumann. © 2003 Rowohlt GmbH Reinbek b. Hamburg.

18   Jean-Paul Sartre: *Die Wörter*. Aus dem Französischen von Hans Mayer. © 1965 Rowohlt Verlag GmbH Reinbek b. Hamburg.

23   Alberto Manguel: *Eine Geschichte des Lesens*. © by Alberto Manguel. Abdruck mit Genehmigung der Liepmann AG, Zürich.

24   Friedhelm Kemp: »Nachwort.« Aus: Yves Bonnefoy: *Die gebogenen Planken*. Stuttgart: Klett Cotta Verlag, 2004.

29   Jorge Luis Borges: *Gesammelte Werke in zwölf Bänden*, Band 4, Der Essays vierter Teil. Herausgegeben von Gisbert Haefs und Fritz Arnold. Aus dem Spanischen von Gisbert Haefs. © 2004 Carl Hanser Verlag, München - Wien.

34   Michael Ende: *Die unendliche Geschichte*. © 1979 by Thienemann Verlag (Thienemann Verlag GmbH), Stuttgart - Wien.

36   Silvia Bovenschen in: *Literaturen* 10/2005. Mit freundlicher Genehmigung der Autorin.

39   Gerhard Köpf: *Papas Koffer*. München: Luchterhand Verlag, 1993. Mit freundlicher Genehmigung des Autors.

40   Charles Simic: *In der Bibliothek* (für Octavio). Aus: Charles Simic: *Ein Buch von Göttern und Teufeln*. Gedichte. Aus dem Amerikanischen von Hans Magnus Enzensberger. © 1993 Carl Hanser Verlag, München - Wien.

43   Italo Calvino: »Abenteuer eines Lesers.« Aus: Italo Calvino: *Abenteuer eines Lesers*. Aus dem Italienischen von Caesar Rymarowicz. © 1986 Carl Hanser Verlag, München - Wien.

47   Gert Heidenreich: *Die Heimat der Phantasie*. Halle: Mitteldeutscher Verlag, 1996. Mit freundlicher Genehmigung des Autors.

49   Rüdiger Görner: *Streifzüge durch die englische Literatur*. © 1998 Insel Verlag Frankfurt am Main und Leipzig.

50   Alberto Manguel: *Eine Geschichte des Lesens*. © by Alberto Manguel. Abdruck mit Genehmigung der Liepmann AG, Zürich.

52   Elfriede Jelinek in: *Literaturen* 10/2005. Mit freundlicher Genehmigung der Autorin.

57   Kurt Tucholsky: *Gesammelte Werke*, Band 10. Reinbek: Rowohlt Verlag, 1964.

60   Daniel Pennac: *Wie ein Roman*. Aus dem Französischen von Uli Aumüller. © 1994 Verlag Kiepenheuer & Witsch, Köln.

62   Michael Jeismann: »Nagib Machfus – Der Rausch.« Aus: *Mein Lieblingsbuch*. Hrsg. von Hubert Spiegel. Frankfurt am Main und Leipzig: Insel Verlag, 2005. Mit freundlicher Genehmigung des Autors.

64   Simone de Beauvoir: *Memoiren einer Tochter aus gutem Hause*. Aus dem Französischen von Eva Rechel-Mertens. © 1960 Rowohlt Verlag GmbH, Reinbek b. Hamburg.

67   Dagmar Leupold: *Edmond, Geschichte einer Sehnsucht*. München: Verlag C. H. Beck, 2002.

70   Iso Camartin: *Die Bibliothek von Pila*. © 1994 Suhrkamp Verlag Frankfurt am Main.

72   Marcel Proust: *Tage des Lesens*. Aus dem Französischen von Helmut Scheffel. © 1989 und 1992 Suhrkamp Verlag Frankfurt am Main.

76   Orhan Pamuk: *Das neue Leben*. Aus dem Türkischen von Ingrid Iren. © 1998 Carl Hanser Verlag, München - Wien.

78   Angela Krauß: *Die Gesamtliebe und die Einzelliebe – Frankfurter Poetikvorlesung*. © 2004 Suhrkamp Verlag Frankfurt am Main.

80   Roland Barthes: *Die Lust am Text*. Aus dem Französischen von T. König. © 1980 Suhrkamp Verlag Frankfurt am Main.

82   Jorge Luis Borges: *Gesammelte Werke in zwölf Bänden*, Band 4, Der Essays vierter Teil. Herausgegeben von Gisbert Haefs und Fritz Arnold. Aus dem Spanischen von Gisbert Haefs. © 2004 Carl Hanser Verlag, München - Wien.

84   Horst Günther: *Das Bücherlesebuch*. © 1992 Verlag Klaus Wagenbach Berlin.

90   Felicitas Hoppe in: *Literaturen* 10/2005. Mit freundlicher Genehmigung der Autorin.

92   Ingeborg Bachmann: *Malina*. © 1971 Suhrkamp Verlag Frankfurt am Main.

94   Dubravka Ugrešić: *Lesen verboten*. Aus dem Kroatischen von Barbara Antkowiak. © 2002 Suhrkamp Verlag Frankfurt am Main.

97   Alberto Manguel: *Eine Geschichte des Lesens*. © by Alberto Manguel. Abdruck mit Genehmigung der Liepmann AG, Zürich.

100   Iso Camartin: *Die Bibliothek von Pila*. © 1994 Suhrkamp Verlag Frankfurt am Main.

103   Claudio Magris in: *Literaturen* 10/2005. Mit freundlicher Genehmigung des Autors.

104   A. L. Kennedy in: *Literaturen* 10/2005. Mit freundlicher Genehmigung der Redaktion.

106   Hans Jürgen Balmes: *Mein erstes Buch*. Aus der Einleitung. Frankfurt am Main: Fischer Taschenbuch Verlag, 2002. Mit freundlicher Genehmigung des Autors.

108   Italo Calvino: *Wenn ein Reisender in einer Winternacht*. Aus dem Italienischen von Burkhart Kroeber. © 1983 Carl Hanser Verlag, München - Wien.

110   Alberto Manguel: *Eine Geschichte des Lesens*. © by Alberto Manguel. Abdruck mit Genehmigung der Liepmann AG, Zürich.

115   Zsuzsa Bánk in: *Literaturen* 10/2005. Mit freundlicher Genehmigung der Autorin.

116   Ezra Pound: *Pisaner Cantos*. LXXIV–LXXXIV. Herausgegeben und übertragen von Eva Hesse. © 1956, 1969, 1985, 2002 Arche Verlag, Zürich - Hamburg.

120   Helmut Krausser in: *Literaturen* 10/2005. Mit freundlicher Genehmigung des Autors.

122   Horst Günther: *Das Bücherlesebuch*. © 1992 Verlag Klaus Wagenbach Berlin.

126   Orhan Pamuk: »Über das Lesen.« Aus: Orhan Pamuk: *Blick aus meinem Fenster*. Aus dem Türkischen von Gerhard Meier. © 2006 Carl Hanser Verlag, München - Wien.

128   Umberto Eco: *Der Name der Rose*. Aus dem Italienischen von Burkhart Kroeber. © 1982 Carl Hanser Verlag, München - Wien.

133   Peter Härtling: *Kindern Sprache schenken*. © 2001 Beltz & Gelberg in der Verlagsgruppe Beltz, Weinheim & Basel.

137   Christiaan L. Hart Nibbrig: *Warum Lesen?* © 1983 Suhrkamp Verlag Frankfurt am Main.

139   Umberto Eco: *Der Name der Rose*. Aus dem Italienischen von Burkhart Kroeber. © 1982 Carl Hanser Verlag, München - Wien.

Auswahl und Zusammenstellung der Texte: Isolde Ohlbaum

Verlag und Autorin danken den Inhabern der Rechte für die Genehmigung zum Abdruck der Texte. In wenigen Fällen waren die Inhaber der Rechte leider nicht zu ermitteln. Rechteinhaber dieser Texte werden gebeten, sich an den Verlag zu wenden.

Originalausgabe

Erste Auflage 2006

© 2006 by ars vivendi verlag GmbH & Co. KG, Cadolzburg

© Fotografien: Isolde Ohlbaum

S. 9: Kurt Winkler liest bei der Installation von Jochen Gerz »Die Zeit der DDR«
(Ausstellung »Künstler.Archiv«, Akademie der Künste am Pariser Platz, Berlin 2005).

© Texte siehe Textnachweis

www.arsvivendi.com

Grafische Gestaltung: Silke Klemt, www.silkeklemt.de

Umschlaggestaltung: Silke Klemt, Gesine Schobbert

Lithografie: Reprostudio Harald Schmidt, Nürnberg

Druck: Frankendruck, Nürnberg

Printed in Germany

ISBN 3-89716-706-9